JN186286

美しい日本語で
心がやすらぐ

大和言葉
思い出しテスト

—この日常語を大和言葉で言い換えましょう—

すぐに使える用例も紹介
暮らし、仕事、祝辞で活かせる

美しい日本語を研究する会 編

コスモ21

その折々にふさわしい大和言葉を自在に使いこなそう――はじめに

大和言葉とは、日本で生まれた独自の言葉です。和語と言ってもいいでしょう。日本語には中国から来た「漢語」、中国以外の国から来た「外来語」がありますが、日本人の繊細さや豊かな感性をいちばんうまく表すのが大和言葉です。

言葉は「魂」です。日常的に使っている言葉を大和言葉に言い換えることにより、皆さんがもっている「和の心」を相手に上手に伝え、相手の心を揺さぶることもできます。また、自身のイメージを優美で知的な大人の雰囲気にすることもできます。

では、あなたは「普段遣いの言葉」を「大和言葉」で言い換えられますか？　様々な年代に広まっているようにみえる大和言葉ですが、実際に生活の中で使えなければ、意味がありません。それがこの本の目的です。

たとえば、一般的な使い方で「いい天気です」は、大和言葉で「よいお◯◯りです」（一章の問4）になります。このほうが、心がなごむ穏やかな気候であることをよく表しています。そして、「それは過大評価です」という表現を「それはお◯◯かぶりです」（二章の問20）と言えば、自分を謙遜し、相手をたてる配慮が見事に伝わります。

このように、生活の様々な場面、あるいはメールや手紙をしたためるときなど、折々にふさわしい表現で日本の心を伝えられます。

角を立てたくないときには、それなりの言葉がありますし、感謝をたくさん込めたいときにはそれにふさわしい言葉があるのです。

本書はふだん使っている一般的な言葉を大和言葉に言い換える、というテスト形式をとり、楽しみながら大和言葉を使いこなせるようにしました。

子どもの頃、年配の大人たちが使っていて、記憶に残っている大和言葉もあるかもしれません。そんな言葉をできる限り思い出してください。

わからないときは、すぐに解答を見ないでください。また再度、挑戦してください。脳のサビがとれ、活性化すること間違いありません。本書が美しい大和言葉を自在に使いこなすことに役立てば、これにまさる喜びはありません。

尚、今回は『60歳からの脳トレ・思い出しテスト』シリーズの生みの親である「ど忘れ現象を防ぐ会」が、企画・構成・編集面で全面協力しています。

美しい日本語を研究する会

「大和言葉　思い出しテスト」目次

カバーデザイン・本文デザイン＝中村 聡
製作協力＝吉際企画
企画編集協力＝オフィス朋友

第一章

心に響く「自然、季節、状態」の言葉

【全34問】

日本の国ならではの四季の移ろいを、
大和言葉で味わい学ぶ。

※ 問題の美しい大和言葉を答える「○」の箇所は、ひらがなで答えてください。漢字が書けたらベストです（なお、漢字の部分は当て字も一部入っています）。

※ 解答欄には、ひらがなと漢字を併記してありますが、ひらがなのみの答えもあります。解答欄は章の最後にあります。

自己採点しましょう

- 34問正解 …… ★★★【大和言葉の達人です】
- 30問正解 …… ★★☆【美しい会話や文章を書くことができます】
- 25問正解 …… ★☆☆【もう少し頑張りましょう】

1

一般的な使い方……春が到来しました

美しい大和言葉……○○温(ぬる)む頃になりました

【用例】
寒さが厳しかった冬も去り、ようやく「○○温む」頃になりました。

2

一般的な使い方……台風一過で晴れました

美しい大和言葉……の○○晴れになりました

【用例】
昨夜の強い風や雨が嘘のように、綺麗(きれい)な「の○○晴れ」の朝です。

3

一般的な使い方……小雪が降ってきました

美しい大和言葉……風(かざ)○○が舞っています

【用例】
「風○○」が舞うこの時期になると、年の瀬が近いことを実感します。

4

一般的な使い方……いい天気です

美しい大和言葉……**よいお◯◯りです**

【用例】お嬢さんの婚礼のおめでたい日ですが、いい「お◯◯り」になりましたね。

5

一般的な使い方……のどかな午後です

美しい大和言葉……**のど◯◯な昼下がりです**

【用例】風もなくて暖かいし、お花見にちょうどいい「のど◯◯」な昼下がりです。

6

一般的な使い方……数多くの失敗をしました

美しい大和言葉……**あ◯たの失敗をしました**

【用例】これまでに経験した「あ◯た」の失敗を、これからの成功の糧（かて）としなさい。

7

一般的な使い方……湧き起こる気配を感じます

美しい大和言葉……**い○きを感じます**

【用例】
長い戦争が終わり、平和な新しい時代の「い○き」を感じるこの頃です。

8

一般的な使い方……緑のまぶしい季節です

美しい大和言葉……**○○かおる季節です**

【用例】
青空に鯉のぼりが泳ぎ、「○○かおる」季節になりました。

9

一般的な使い方……いい匂いがします

美しい大和言葉……〇〇〇しい匂いがします

【用例】
庭に咲いた花から、「〇〇〇しい」匂いが漂ってきました。

10

一般的な使い方……風が吹いて草木が騒いでいます

美しい大和言葉……風が吹いて草木がさ〇いでいます

【用例】

木の葉がざわざわと「さ〇いで」きました。午後からは荒れ模様の天気になるでしょう。

11

一般的な使い方……青空に雲が横に長くかかっています

美しい大和言葉……青空に雲が〇〇びいています

【用例】
日本晴れの青空に、はるか遠く白い雲が「〇〇びいて」います。

12

一般的な使い方……今夜の月はとくに綺麗です

美しい大和言葉……こ○○の月はとくに綺麗です

【用例】

高層ビル街の谷間から眺める「こ○○」の月は、格別に綺麗でした。

13

一般的な使い方……容姿が整っていて美しい人です

美しい大和言葉……見目○○○しい人です

【用例】

今度、兄と結婚する女性は、心やさしく、「見目○○○しい」人です。

14

一般的な使い方……滅多にないことです

美しい大和言葉……○うなことです

【用例】

頭を下げないことで有名なあの先生が、謝罪するとは「○う」なことです。

15

一般的な使い方……蒸し暑い不快な日です

美しい大和言葉……**あぶら○○の日です**

【用例】

梅雨が明け、「あぶら○○」の日が続きますが、夏負けなどされていないでしょうか？

16

一般的な使い方……こう暑いと雨が降ってほしいですね

美しい大和言葉……**こう暑いと○○雨ほしいですね**

【用例】

今日も真夏日になりましたが、こう暑いと「○○雨」ほしいですね。

17

一般的な使い方……激しい雨が降っています

美しい大和言葉……**○○つくような雨が降っています**

【用例】

空が暗くなってきたと思ったら、急に「○○つく」ような雨が降ってきました。

18

一般的な使い方……蝉がいっせいに鳴いています

美しい大和言葉……**蝉○○が降りそそいでいます**

【用例】夏の盛りに里山を歩きましたが、そこは「蝉○○○」が降りそそいでいました。

19

一般的な使い方……裏には小川が流れています

美しい大和言葉……**裏には○○ぎが流れています**

【用例】里山の家の裏には「○○○ぎ」が流れ、そこはメダカや小さな生き物を育んでいます。

20

一般的な使い方……朝晩は過ごしやすくなってきました

美しい大和言葉……**朝晩は○○○やすくなってきました**

【用例】八月も末になって、朝晩は「○○○やすく」なり、体が楽です。

21

一般的な使い方……秋になり快晴の日が続きます

美しい大和言葉……**き◯びよりの日が続きます**

【用例】
「き◯びより」の日が続きますが、天高く馬肥ゆる秋で、食欲の季節でもあります。

22

一般的な使い方……物音一つしない静寂な夜です

美しい大和言葉……**夜の◯◯◯に包まれています**

【用例】
都会を離れたこの村は、日が暮れると「夜の◯◯◯」に包まれます。

23

一般的な使い方……何でもお任せください

美しい大和言葉……**よ◯◯お任せください**

【用例】
お困りのことがありましたら、私に「よ◯◯」お任せください。

24

一般的な使い方……寒さが厳しいです

美しい大和言葉……寒さが○○しおです

【用例】
今日は二十四節季の一つ、大寒です。寒さが「○○しお」です。

25

一般的な使い方……月がはっきり見えています

美しい大和言葉……月が○○ています

【用例】
北風が吹いて空気が綺麗なせいなのか、月が「○○て」います。

26

一般的な使い方……月が澄(す)んで、寒い夜です

美しい大和言葉……月○○る寒空です

【用例】
冬も本番です。深々と冷える夜、「月○○る」寒空になりました。

27

一般的な使い方……山間部に集落があります

美しい大和言葉……**やま○○の○○があります**

【用例】

ここから見えるあの「やま○○の○○」に、私の実家があります。

28

一般的な使い方……折れ曲がっている坂道を歩きました

美しい大和言葉……**○○○折りの坂道を歩きました**

【用例】

休み休み時間をかけてですが、「○○○折り」の坂道を歩きました。

29

一般的な使い方……豊かに実っています

美しい大和言葉……**○○○に実っています**

【用例】

今年も手塩にかけて育てた葡萄(ぶどう)が「○○○に」実っています。

30

一般的な使い方……目がくらむような素晴らしい世界です

美しい大和言葉……○○○めく世界です

【用例】
彼とお付き合いをしていた頃は、「○○○めく」恋の世界に身をこがす日々でした。

31

一般的な使い方……古くて落ち着いた宿に泊まります

美しい大和言葉……○○びた宿に泊まります

【用例】
久しぶりに夫婦だけの旅行ですが、今夜は「○○びた」温泉宿に泊まります。

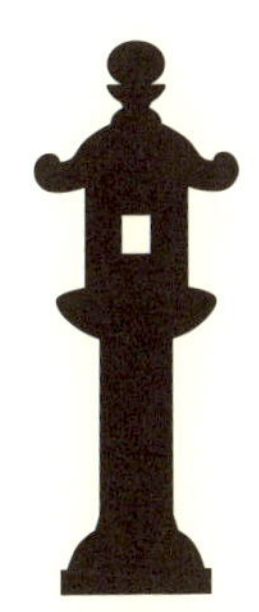

32

一般的な使い方 ……寒風が吹き荒れる師走です

美しい大和言葉 ……**寒風が吹き〇〇ぶ師走です**

【用例】寒風が「吹き〇〇ぶ」今年の師走。皆、背を丸めて小走りで、家路へと急いでいます。

33

一般的な使い方 ……海が風もなく静かです

美しい大和言葉 ……**海が〇〇でいます**

【用例】浜風も止み、「海が〇〇で」います。夕焼けが海面に映り綺麗です。

34

一般的な使い方 ……その場が大騒ぎとなりました

美しい大和言葉 ……**その場がいろ〇〇〇ちました**

【用例】都知事辞任のニュース速報が流され、都民の多くが「いろ〇〇〇ち」ました。

解答

問1 ❖ みず温む（水温む）
問2 ❖ のわけ／わき晴れ（野分晴れ）
問3 ❖ 風はな／ばな（風花）
問4 ❖ おひより（お日和）
問5 ❖ のどやか（長閑やか）
問6 ❖ あまた（数多）
問7 ❖ いぶき（息吹）

問8 ❖ かぜかおる（風薫る）
問9 ❖ かぐわしい（芳・香・馨しい）
問10 ❖ さやいで
問11 ❖ たなびいて（棚引いて）
問12 ❖ こよい（今宵）
問13 ❖ 見目うるわしい（見目麗しい）
問14 ❖ けう（希有）
問15 ❖ あぶらでり（油照り）
問16 ❖ ひと雨（一雨）
問17 ❖ しのつく（篠突く）

問18 ❖ 蟬**しぐれ**（蟬時雨）

問19 ❖ **せせら**ぎ（細流）

問20 ❖ **しのぎ**やすく（凌ぎやすく）

問21 ❖ き**く**びより（菊日和）

問22 ❖ 夜の**しじま**（夜の静寂）

問23 ❖ よ**ろず**（万）

問24 ❖ **ひと**しお（一入）

問25 ❖ **さえ**て（冴えて）

問26 ❖ 月**こお**る（月凍る）

問27 ❖ やま**あい**の**さと**（山間の里）

問28 ❖ **つづら**折り（九十九折り）

問29 ❖ **たわわ**に（撓に）

問30 ❖ **めくる**めく（目眩く）

問31 ❖ **ひな**びた（鄙びた）

問32 ❖ 吹き**すさ**ぶ（吹き荒ぶ）

問33 ❖ 海が**ない**で（海が凪いで）

問34 ❖ いろ**めきた**ち（色めき立ち）

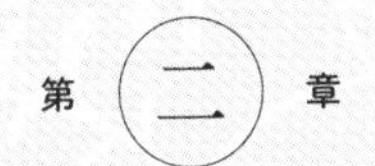

第二章

心に響く「おもてなし」の言葉

【全30問】

さりげない言葉遣いに、
お客様への心配りが満ち溢（あふ）れる。

※ 問題の美しい大和言葉を答える「○」の箇所は、ひらがなで答えてください。漢字が書けたらベストです（なお、漢字の部分は当て字も一部入っています）。

※ 解答欄には、ひらがなと漢字を併記してありますが、ひらがなのみの答えもあります。解答欄は章の最後にあります。

自己採点しましょう

- 30問正解 …… ★★★【大和言葉の達人です】
- 26問正解 …… ★★☆【美しい会話や文章を書くことができます】
- 20問正解 …… ★☆☆【もう少し頑張りましょう】

1

一般的な使い方……どうぞお入りください

美しい大和言葉……どうぞお○○りください

【用例】
さあさあ、外に立ったままでいないで、狭いところですが、どうぞ「お○○り」ください。

2

一般的な使い方……お越しいただき……

美しい大和言葉……○○こびいただき……

【用例】
わざわざ「○○こび」いただきまして、ありがとうございます。

3

一般的な使い方……足をくずしてください

美しい大和言葉……お○○らにしてください

【用例】
正座ではなくどうぞ「お○○らに」して、おくつろぎください。

4

一般的な使い方……ご冗談はそれくらいで

美しい大和言葉……**お○○むれはそれくらいで**

【用例】

そんなにお褒(ほ)めいただいて恐縮です。もう「お○○むれ」はそれくらいで、ご勘弁を。

5

一般的な使い方……ほんの少しですが

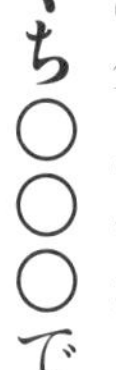
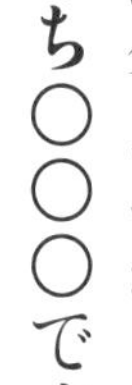

美しい大和言葉……**おくち○○○ですが**

【用例】

「おくち○○○」ですが、よろしければどうぞお召し上がりを。

6

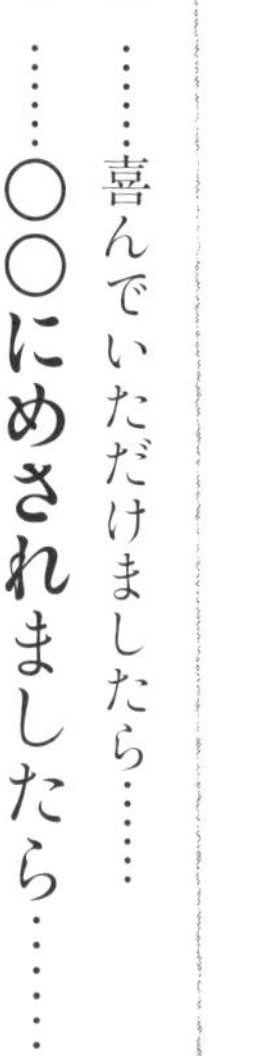

一般的な使い方……喜んでいただけましたら……

美しい大和言葉……**○○にめされましたら……**

【用例】

実家から届いた野菜ですが、「○○にめされ」ましたら、嬉(うれ)しいです。

7

一般的な使い方……主人は留守です

美しい大和言葉……あ○○は留守にしております

【用例】せっかくのお越しですが、あいにく「あ○○」は留守にしております。

8

一般的な使い方……ご遠慮なくお過ごしください

美しい大和言葉……おこころ○○○くお過ごしください

【用例】何のおもてなしもできませんが、どうぞ「おこころ○○○く」お過ごしください。

9

一般的な使い方……好天に導かれ

美しい大和言葉……好天に○○なわれ

【用例】本日は好天に「○○なわれ」、友人たちと野外パーティを楽しみました。

10

一般的な使い方……お気を使わないでください

美しい大和言葉……**どうかおか◯◯なく**

【用例】

お忙しいところを申し訳ありません。すぐに失礼いたしますので、どうか「おか◯◯なく」。

11

一般的な使い方……お茶菓子もありませんが……

美しい大和言葉……**◯◯茶ではございますが……**

【用例】

「◯◯茶」で申し訳ありませんが、冷めないうちにどうぞ。

12

一般的な使い方……箸（はし）をお使いください

美しい大和言葉……**◯◯もとをお使いください**

【用例】

楊枝でつつくより、「◯◯もと」を使われたほうが食べやすいです。

13

一般的な使い方……おくつろぎください
美しい大和言葉……ご○○りとなさってください

【用例】
お忙しい毎日でしょうが、お時間の許すかぎり、「ご○○りと」なさってください。

14

一般的な使い方……この上なく愛しています
美しい大和言葉……こよ○く愛しています

【用例】
奥様は、旦那（だんな）様のことを「こよ○く」愛していらっしゃるのですね。

15

一般的な使い方……失礼させていただきます
美しい大和言葉……○○とまをさせていただきます

【用例】
時間の経つのも忘れていました。そろそろ「○○とま」をさせていただきます。

16

一般的な使い方……お気遣いに感謝します

美しい大和言葉……お気遣い、○○みいります

【用例】心のこもったおもてなしをいただき、「○○みいります」。

17

一般的な使い方……ほんの少しではありますが

美しい大和言葉……○○○かではありますが

【用例】「○○○か」ではありますが、感謝のしるしでございます。

18

一般的な使い方……恵みを与えてください

美しい大和言葉……○○こしをお願いします

【用例】飢えに苦しむアフリカの子どもたちに、「○○こし」の寄付をお願いします。

19

一般的な使い方……大事な人を接待する日です

美しい大和言葉……**大事な人をも〇〇す**日です

【用例】
だいぶ前から準備をしてきましたが、今日が大事な人を「も〇〇す」日です。

20

一般的な使い方……それは過大評価です

美しい大和言葉……**それはお〇〇かぶり**です

【用例】
お褒めいただき、とても嬉しいですが、それは「お〇〇かぶり」です。

21

一般的な使い方……第一印象が悪く、損をしています

美しい大和言葉……**とっ〇〇が悪く、損をしています**

【用例】
私の叔父は、根はいいのですが、「とっ〇〇」が悪く、とても損をしています。

22

一般的な使い方……京都で生まれました

美しい大和言葉……京都で○○声を上げました

【用例】彼は京都で「○○声」を上げ、以来、その地で育ち暮らしています。

23

一般的な使い方……口論が絶えません

美しい大和言葉……○○かいが絶えません

【用例】最近引っ越してきたあの夫婦は、いつも「○○かい」が絶えません。

24

一般的な使い方……お言葉をいただきます

美しい大和言葉……お言葉を○○○ります

【用例】それでは宴の始めに、来賓の方からお言葉を「○○○り」ます。

25

一般的な使い方 ……そっけない対応です

美しい大和言葉 ……○○もない対応です

【用例】
先方にお願い事をしにきたのですが、「○○もない」対応で、あっさり断られました。

26

一般的な使い方 ……思いがけず旧友と出会いました

美しい大和言葉 ……○○りなく旧友と出会いました

【用例】
先日、新幹線に乗っていたら、「○○りなく」旧友と二十年ぶりに出会いました。

27

一般的な使い方 ……遠慮することがない仲です

美しい大和言葉 ……○○おけない仲です

【用例】
幼なじみの彼とは、還暦を迎えた今でも「○○おけない」仲です。

28

一般的な使い方 ……友達になりました

美しい大和言葉 ……○○みを結びました

【用例】
初めて会ったのにお互いに気心が通じ、すぐに「○○み」を結びました。

29

一般的な使い方 ……気楽な店です

美しい大和言葉 ……○○○やすい店です

【用例】
ここ十年来、私にとってあの酒場は「○○○やすい」店です。

30

一般的な使い方 ……口論を仲裁してくれました

美しい大和言葉 ……口論を○○なしてくれました

【用例】

昨日、居酒屋での女友達同士の口論を、一緒にいた彼が上手に「○○なし」てくれました。

解答

問1 ❖ お**あが**り（お上がり）

問2 ❖ **おは**こび（お運び）

問3 ❖ おた**い**らに（お平らに）

問4 ❖ お**たわ**むれ（お戯れ）

問5 ❖ おくち**よごし**（お口汚し）

問6 ❖ **おき**にめされ（お気に召され）

問7 ❖ あ**るじ**（主）

問8 ❖ おこころ**おきなく**（お心置きなく）

問9 ❖ **いざ**なわれ（誘われ）

問10 ❖ おか**まい**なく（お構いなく）

問11 ❖ **から**茶（空茶）

問12 ❖ **おて**もと（お手許）

問13 ❖ ご**ゆる**りと（ご緩りと）

問14 ❖ こよ**なく**

問15 ❖ **お**いとま（お暇）

問16 ❖ **いた**みいります（痛み入ります）

問17 ❖ **いささ**か（些か）

問18 ❖ **ほど**こし（施し）

問19 ❖ も**てな**す（持て成す）

問20❖おかいかぶり（お買い被り）

問21❖とっつき（取っ付き）

問22❖うぶ声（産声）

問23❖いさかい（諍い）

問24❖たまわり（賜り）

問25❖にべもない（鰾膠も無い）

問26❖ゆくりなく

問27❖きがおけない（気が置けない）

問28❖よしみ（好み）

問29❖こころやすい（心安い）

問30❖とりなし（取り成し）

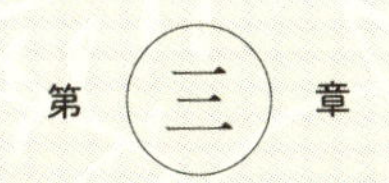

心に響く「お付き合い」の言葉

【全51問】

ほんの少し違う言葉を選ぶだけで、
お互いに心地よいひとときが過ごせる。

※ 問題の美しい大和言葉を答える「○」の箇所は、ひらがなで答えてください。漢字が書けたらベストです（なお、漢字の部分は当て字も一部入っています）。

※ 解答欄には、ひらがなと漢字を併記してありますが、ひらがなのみの答えもあります。解答欄は章の最後にあります。

自己採点しましょう

- 51 問正解 …… ★★★【大和言葉の達人です】
- 45 問正解 …… ★★☆【美しい会話や文章を書くことができます】
- 40 問正解 …… ★☆☆【もう少し頑張りましょう】

1

【一般的な使い方】……やさしく注意しました

【美しい大和言葉】……やんわりと○○○めました

【用例】
きつい言葉で叱るよりは、やんわりと「○○○め」たほうが反省するでしょう。

2

【一般的な使い方】……大切にしてほしい

【美しい大和言葉】……あだや○○○にしないでほしい

【用例】
年配者の忠告は、「あだや○○○に」しないでください。

3

【一般的な使い方】……やむを得ない事情なのです

【美しい大和言葉】……よ○○○ない事情なのです

【用例】
このようなことになったのは、先方にもきっと「よ○○○ない」事情があったに違いない。

4

一般的な使い方 ……ご心配いただき恐縮です

美しい大和言葉 ……お○○○にかけていただき恐縮です

【用例】

若輩者の私を、いつも「お○○○にかけて」いただきまして、とても感謝しております。

5

一般的な使い方 ……二人の間を仲立ちしましょう

美しい大和言葉 ……二人の間を○○○ちましょう

【用例】

冷戦状態の二人の間を、共通の友人である彼女が上手に「○○○ち」してくれました。

6

一般的な使い方 ……相談に乗ります

美しい大和言葉 ……みみを○○ます

【用例】

ほかでもない君のためなら、いつでも「みみを○○ます」よ。

7

一般的な使い方……誘いかけてみます

美しい大和言葉……○○をむけてみます

【用例】

今度、一緒に海外旅行に行かないかと、彼女に「○○をむけて」みます。

8

一般的な使い方……喜びと悲しみが入りまじっています

美しい大和言葉……○○○もごもです

【用例】

今年は祖父が亡くなったり、娘が大学入試に合格したりと、「○○○もごも」の一年でした。

9

一般的な使い方……切実に感じられます

美しい大和言葉……○○つまされます

【用例】

あの人の貧しい生活を見ていると、その苦労ぶりが「○○つまされ」ます。

10

一般的な使い方 ……仮にそうだとしても

美しい大和言葉 ……**よし○○そうだとしても**

【用例】
「よし○○」そういう事情だとしても、彼には同情できません。

11

一般的な使い方 ……要するに

美しい大和言葉 ……**○○○ところ**

【用例】
家庭にいつも笑い声が絶えないのは、「○○○ところ」母親が快活で明るいからです。

12

一般的な使い方 ……納得できない結論です

美しい大和言葉 ……**○○落ちない結論です**

【用例】
市議会が議決した予算案は、どうにも「○○落ちない」結論・内容でした。

13

一般的な使い方……切ない思いです

美しい大和言葉……○○せない思いです

【用例】懸命に働いている人なのに、普通の暮らしができないなんて、「○○せない」思いです。

14

一般的な使い方……お恥ずかしいですが、お願いします

美しい大和言葉……○○○しのんでお願いします

【用例】今さら頼めたものでないのは重々承知ですが、「○○○しのんで」お願いします。

15

一般的な使い方……お互いさまです

美しい大和言葉……○○○もたれつです

【用例】お助けしましょう。困ったときは「○○○もたれつ」ですから。

16

一般的な使い方……とても喜んでいます

美しい大和言葉……**○○しゅうございます**

【用例】

覚えておいてくださり、とても「○○しゅう」ございます。

17

一般的な使い方……そんな冗談はやめてください

美しい大和言葉……**お○○かいはおよしください**

【用例】

「お○○かい」を。私はそんな立派な人間ではありませんよ。

18

一般的な使い方……裏から表から

美しい大和言葉……**かげになり○○○になり**

【用例】

恩師からは「かげになり○○○になり」いろいろな援助をいただきました。

19

一般的な使い方……相性が悪い人です

美しい大和言葉……○○があわない人です

【用例】

努めて逆らわないようにしていますが、あの人とはどうも「○○があわない」のです。

20

一般的な使い方……当てつけがましく

美しい大和言葉……これみ○○○に

【用例】

骨董(こっとう)マニアの叔父さんから、値段の張りそうな茶器を「これみ○○○」に見せつけられました。

21

一般的な使い方……運命的な関係かも知れません

美しい大和言葉……え○○を感じます

【用例】

彼女には初めて会ったときから「え○○」を感じました。

22

一般的な使い方……親に逆らう行為です

美しい大和言葉……**親に○○く行為です**

【用例】

あんなに両親に従順だった妹が、驚くことに母親の意見に「○○く」ことをしました。

23

一般的な使い方……仲間はずれに

美しい大和言葉……**むら○○○に**

【用例】

わがままな振る舞いの多い彼女は、自然と「むら○○○」になってしまいました。

24

一般的な使い方……敬遠されないように

美しい大和言葉……**け○○○れないように**

【用例】

少年野球のコーチですが、子どもはもちろん、親からも「け○○○れ」ないようにしています。

25

一般的な使い方　……馬鹿にされないように

美しい大和言葉　……**〇〇にされないように**

【用例】
徒競争が苦手な私ですが、みんなから「〇〇にされない」ように練習しています。

26

一般的な使い方　……根拠のない中傷です

美しい大和言葉　……**〇〇れのない中傷です**

【用例】
彼女の耳に届いてくるのは、「〇〇れ」のない中傷ばかりでした。

27

一般的な使い方　……あきれ果てて笑うしかありません

美しい大和言葉　……**〇〇わらうしかありません**

【用例】
いい歳をした彼のあの間抜けな行動は、ただ「〇〇わらう」しかありません。

28

一般的な使い方……手抜きに

美しい大和言葉……**な○○りに**

【用例】

ここ一か月はとても忙しく、その案件は「な○○り」になってしまいました。

29

一般的な使い方……注意しました

美しい大和言葉……**○○めました**

【用例】

試合に勝ったからといって、あまり調子に乗らないよう、チーム全員を「○○め」ました。

30

一般的な使い方……もったいないほどの感激です

美しい大和言葉……**○○ある光栄です**

【用例】

このような私ですのに、過分なお言葉をいただき、「○○ある」光栄です。

31

一般的な使い方　……とても感謝しております

美しい大和言葉　……**い○○感謝しております**

【用例】

無報酬で地域の活動に参加している方々に、「い○○」感謝しております。

32

一般的な使い方　……残念なことに

美しい大和言葉　……**○○むらくは**

【用例】

彼は優秀な人間ですが、「○○むらくは」人情味に欠けています。

33

一般的な使い方　……今までを振り返ってみると

美しい大和言葉　……**今までを○○りみると**

【用例】

今までの自分を「○○りみる」と、本当に未熟でいたらないことばかりでした。

34

一般的な使い方……いつもあれやこれやと

美しい大和言葉……**なに○○○なく**

【用例】

あの方にはまるで父親のように、「なに○○○なく」面倒をみてもらっています。

35

一般的な使い方……ご協力のほど、お願いします

美しい大和言葉……**○○○まわしのほど、お願いします**

【用例】

今後ともよろしく「○○○まわし」のほど、お願い申し上げます。

36

一般的な使い方……お体にお気をつけください

美しい大和言葉……**お体をお○○いください**

【用例】

うだるような暑い日が続きますが、どうぞお体を「お○○い」ください。

37

一般的な使い方……お互いに反目しあっています

美しい大和言葉……**お互いにい○○あっています**

【用例】あの家の兄と弟は、なぜかお互いに「い○○あって」います。

38

一般的な使い方……腹を立てています

美しい大和言葉……**いき○○○を覚えています**

【用例】年金問題など、国民を痛めつける諸施策に、激しく「いき○○○」を覚えています。

39

一般的な使い方……あきれて返す言葉がないです

美しい大和言葉……**○のくが継げません**

【用例】あんな言い訳でみんなを納得させようなんて、「○のく」が継げません。

40

一般的な使い方……小さいひそひそ声で話しました

美しい大和言葉……**しのび○で話しました**

【用例】葬儀中なので、隣りの同僚と「しのび○」で話しました。

41

一般的な使い方……思いがけず出会いました

美しい大和言葉……**たま○○出会いました**

【用例】先日、都心に出て買い物をしていたら、「たま○○」高校時代の友人に出会いました。

42

一般的な使い方……同情してしまうほど気の毒です

美しい大和言葉……**○○たわしいことです**

【用例】私の先生ですが、交通事故で家族を亡くされました。「○○たわしい」ことです。

43

一般的な使い方……全くその通り

美しい大和言葉……**む〇〇〇かな**

【用例】あんな中傷されたら、彼が激怒するのも「む〇〇〇かな」と思います。

44

一般的な使い方……それらしい様子を見せないように

美しい大和言葉……**〇〇〇にもださないように**

【用例】父が重篤な病気であることは、母の希望で「〇〇〇にもださない」ようにしています。

45

一般的な使い方……争いをやめてください

美しい大和言葉……**〇〇をおさめてください**

【用例】円満解決の話し合いのために、まず「〇〇をおさめて」ください。

46

一般的な使い方……態度を急に変えました

美しい大和言葉……**〇〇ごころを返しました**

【用例】

借金返済の話になって、それまで笑顔だった相手は「〇〇ごころを返し」顔色を変えました。

47

一般的な使い方……情にからまれて心が変わりました

美しい大和言葉……**情に〇〇されて心が変わりました**

【用例】
事情を聞くうちに相手の心情に「〇〇され」て、心が変わってきました。

48

一般的な使い方……適切に上手に言われました

美しい大和言葉……**〇〇じくも言われました**

【用例】
大先生は「〇〇じくも」言われました。まさにその通りと聴衆は皆、納得したのです。

49

一般的な使い方……目標に向かい一緒に協力しましょう

美しい大和言葉……**てを○○さえていきましょう**

【用例】今までのわだかまりは捨てて、「てを○○さえて」いきましょう。

50

一般的な使い方……涙が出そうになります

美しい大和言葉……**○○しらがあつくなります**

【用例】戦時中の苦労や惨状の体験談を聞くと、「○○しらがあつく」なります。

51

一般的な使い方……攻撃の目標にされます

美しい大和言葉……**○○だまにあげられます**

【用例】営業成績の不振で「○○だまにあげられ」るのは、いつも主任の彼で、気の毒です。

解答

問1 ❖ **たし**なめ（窘め）

問2 ❖ あだや**おろそか**に（徒や疎かに）

問3 ❖ よ**んどころ**ない（拠所ない／拠ない）

問4 ❖ お**こころ**にかけて（お心にかけて）

問5 ❖ **とり**もち（取り持ち）

問6 ❖ みみを**かし**ます（耳を貸します）

問7 ❖ **みず**をむけて（水を向けて）

問8 ❖ **ひきこ**もごも（悲喜こもごも）

問9 ❖ **みに**つまされ（身につまされ）

問10 ❖ よし**んば**（縦んば）

問11 ❖ **つまる**ところ

問12 ❖ **ふに**落ちない（腑に落ちない）

問13 ❖ **やる**せない（遣る瀬無い）

問14 ❖ **はじを**しのんで（恥を忍んで）

問15 ❖ **もちつ**もたれつ（持ちつ持たれつ）

問16 ❖ **うれ**しゅう（嬉しゅう）

問17 ❖ お**から**かい（お揶揄い）

問18 ❖ かげになり**ひなた**になり（陰になり日向になり）

問19 ❖ **そり**があわない（反りが合わない）

問20 ❖ これみ**よがし**（これ見よがし）

問21 ❖ え**にし**（縁）

問22 ❖ **そむ**く（背く）

問23 ❖ むら**はちぶ**（村八分）

問24 ❖ け**むたがら**れ（煙たがられ）

問25 ❖ **こけ**にされない（虚仮にされない）

問26 ❖ **いわ**れ（謂れ）

問27 ❖ **あざ**わらう（嘲笑う）

問28 ❖ な**おざ**り（等閑）

問29 ❖ **いさ**め（諫め）

問30 ❖ **みに**あまる（身に余る）

問31 ❖ い**たく**（甚く）

問32 ❖ **おし**むらくは（惜しむらくは）

問33 ❖ **かえ**りみる（省みる）

問34 ❖ なに**くれと**なく（何くれとなく）

問35 ❖ **おひき**まわし（お引き回し）

問36 ❖ お**いと**い（お厭い）

問37 ❖ い**がみ**あって（啀み合って）

問38 ❖ いき**どおり**（憤り）

問39 ❖ **に**のく（二の句）

問40 ❖ しのび**ね**（忍び音）

問41 ❖ たまさか（偶さか・適さか）

問42 ❖ おいたわしい（お労しい）

問43 ❖ むべなるかな（宜なるかな）

問44 ❖ おくびにもださない（噯にも出さない）

問45 ❖ ほこをおさめて（矛を収めて）

問46 ❖ たなごころを返し（掌を返し）

問47 ❖ ほだされ（絆され）

問48 ❖ いみじくも

問49 ❖ てをたずさえて（手を携えて）

問50 ❖ めがしらがあつく（目頭が熱く）

問51 ❖ やりだまにあげられ（槍玉に挙げられ）

第四章

心に響く「仕事、勤しみ」の言葉

【全48問】

美しく柔らかな表現・伝え方で、
仕事上の問題や人間関係が円滑に。

※ 問題の美しい大和言葉を答える「○」の箇所は、ひらがなで答えてください。漢字が書けたらベストです（なお、漢字の部分は当て字も一部入っています）。

※ 解答欄には、ひらがなと漢字を併記してありますが、ひらがなのみの答えもあります。解答欄は章の最後にあります。

自己採点しましょう

- 48問正解 …… ★★★【大和言葉の達人です】
- 43問正解 …… ★★☆【美しい会話や文章を書くことができます】
- 38問正解 …… ★☆☆【もう少し頑張りましょう】

1

一般的な使い方……上手に片づけています

美しい大和言葉……そ○○くこなしています

【用例】

彼は新入社員なのに、与えられた仕事を「そ○○く」こなしています。

2

一般的な使い方……一生懸命に努力しました

美しい大和言葉……○まず○ゆまず努力しました

【用例】

彼が評価されたのは、いつも「○まず○ゆまず」努力していたからです。

3

一般的な使い方……率直に申しますと

美しい大和言葉……あり○○に申しあげますと

【用例】

課長、「あり○○に」申しあげますと、この事業計画書では賛成いたしかねます。

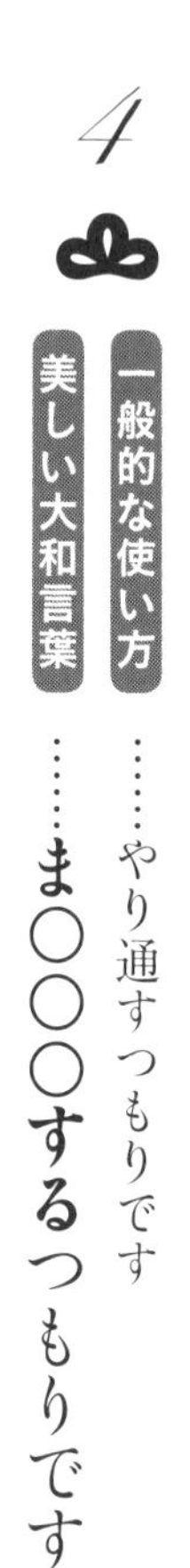

4

一般的な使い方……やり通すつもりです

美しい大和言葉……**ま○○○するつもりです**

【用例】会社勤めは六十五歳の定年まで「ま○○○する」つもりです。

5

一般的な使い方……いい加減にしています

美しい大和言葉……**○○○かにしています**

【用例】どんな小さな仕事でも、決して「○○○か」にしてはいけません。

6

一般的な使い方……政治家への道を心に決めました

美しい大和言葉……**政治家を○○ざすつもりです**

【用例】世のため人のために、政治家を「○○○ざす」つもりです。

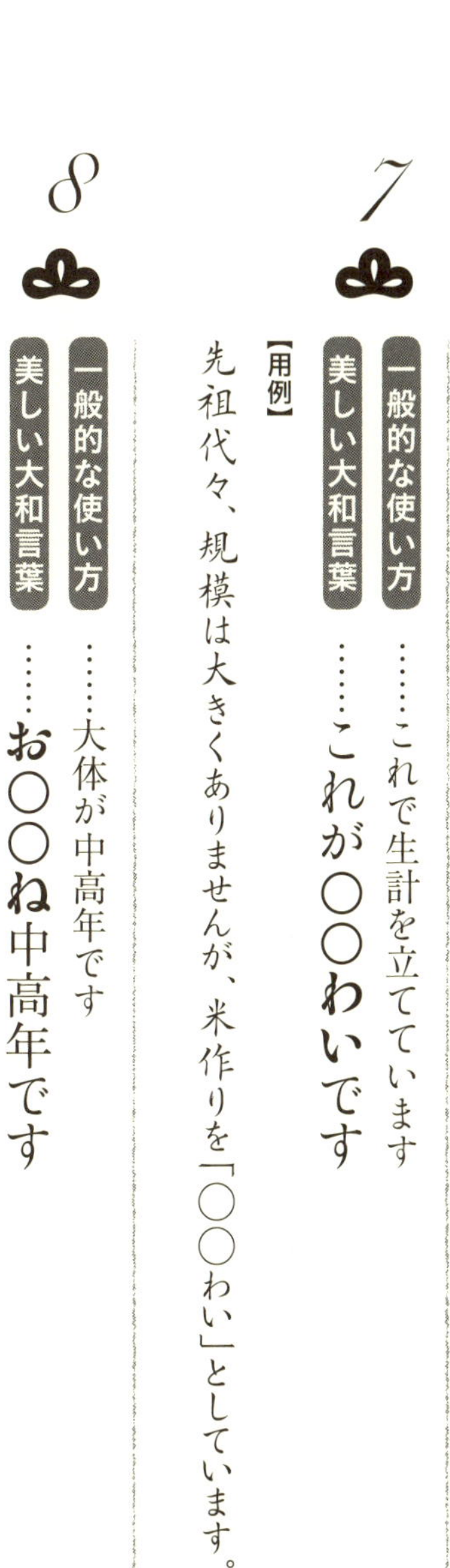

7

一般的な使い方……これで生計を立てています

美しい大和言葉……**これが○○わいです**

【用例】先祖代々、規模は大きくありませんが、米作りを「○○わい」としています。

8

一般的な使い方……大体が中高年です

美しい大和言葉……**お○○ね中高年です**

【用例】この商品の客層は、「お○○ね」五十歳代以降の中高年です。

9

一般的な使い方……相手にされませんでした

美しい大和言葉……**けん○○○ろでした**

【用例】飛び込み営業で新製品を売り込んだのですが、「けん○○○ろ」でした。

10

一般的な使い方 ……目をかけていただいています

美しい大和言葉 ……〇〇きたていただいています

【用例】創業当時より、あのお客様には「〇〇きたて」いただいております。

11

一般的な使い方 ……無事に終えました

美しい大和言葉 ……〇〇がなく終えました

【用例】みんなの協力で、本日の日程を「〇〇がなく」終えることができました。

12

一般的な使い方 ……これまでの実績を参考にします

美しい大和言葉 ……これまでの実績を〇〇がみます

【用例】キミを課長に推薦するかどうかは、今までの実績や将来性を「〇〇がみ」、決定します。

13

一般的な使い方 ……彼の研究は素晴らしい。なかでも……

美しい大和言葉 ……彼の研究は素晴らしい。なかん○○……

【用例】

彼の研究は素晴らしいものばかりです。「なかん○○」遺伝子の研究が図抜けています。

14

一般的な使い方 ……あせる必要はありません

美しい大和言葉 ……○○る必要はありません

【用例】

今さら「○○る」必要はありません。心静かに事に当たるべきです。

15

一般的な使い方 ……さあ、もっと働きましょう

美しい大和言葉 ……さあ、○○あせかきましょう

【用例】

あと少しで完成です。さあ、もう「○○あせ」かきましょう。

16

一般的な使い方……了解しました

美しい大和言葉……〇〇〇**まりました**

【用例】

「〇〇〇まり」ました。仰せの件、早急に取りかかります。

17

一般的な使い方……未熟者ですが……

美しい大和言葉……〇〇〇**か**者ですが……

【用例】

「〇〇〇か」者ですが、これからもよろしくお願いいたします。

18

一般的な使い方……以前からお噂は聞いておりました

美しい大和言葉……〇〇**がね**お噂は聞いておりました

【用例】

「〇〇がね」お噂は聞いておりましたが、お会いできて光栄です。

19

一般的な使い方……とても大切な用事があります

美しい大和言葉……**の○○きならない用事があります**

【用例】

「の○○きならない」用事ができましたので、中座させていただきます。

20

一般的な使い方……お会いできて嬉しいです

美しい大和言葉……**○○どおりがかない嬉しいです**

【用例】

以前からご挨拶をしたいと思っていました。「○○どおり」がかない嬉しいです。

21

一般的な使い方……少し遅れましたが

美しい大和言葉……**おくれ○○ながら**

【用例】

ご注文いただきました商品ですが、「おくれ○○ながら」来週に納品できます。

22

一般的な使い方……抜擢(ばってき)される

美しい大和言葉……○○○○やが立つ

【用例】次期社長には専務、常務を飛び越えて、最も若い取締役に「○○○○や」が立ちました。

23

一般的な使い方……腹心の部下です

美しい大和言葉……ふところ○○○です

【用例】経営戦略室長の彼が、専務で次期社長候補であるT氏の「ふところ○○○」です。

24

一般的な使い方……後任です

美しい大和言葉……○○がまに座りました

【用例】退職された営業本部長の「○○がま」に、やり手の営業課長が座りました。

25

一般的な使い方……微力ではありますが

美しい大和言葉……**○○ならぬ身ではありますが**

【用例】
「○○ならぬ」身ではありますが、今後も尽力いたします。

26

一般的な使い方……不備がありました

美しい大和言葉……**○ぬかりがありました**

【用例】
いつもは慎重な人なのに、どうも「○ぬかり」があったようです。

27

一般的な使い方……分不相応です

美しい大和言葉……**おこ○○○いことです**

【用例】
私が取締役に選任されるなんて、「おこ○○○い」ことと身が引き締まる思いです。

28

一般的な使い方……中途半端にできないです

美しい大和言葉……**○○がせにできないです**

【用例】

やさしく簡単だといって、「○○がせに」できない仕事です。

29

一般的な使い方……概要を説明いたします

美しい大和言葉……**あら○○を説明いたします**

【用例】

今回のプロジェクトについて、大体の「あら○○」を説明いたします。

30

一般的な使い方……さて、どうされますか？

美しい大和言葉……**さて、○○がされますか？**

【用例】

我が社は貴社と協同での受注を望んでいますが、さて、「○○がされ」ますか？

31

一般的な使い方……察してください

美しい大和言葉……く○○ってください

【用例】
大きな失敗をし、深く反省している彼の心中も「く○○って」ください。

32

一般的な使い方……ご尽力いただき感謝いたします

美しい大和言葉……お○○○りいただき感謝いたします

【用例】
このたびは「お○○○り」いただきまして、とても感謝しております。

33

一般的な使い方……姿勢や態度を直しましょう

美しい大和言葉……いず○○を正しましょう

【用例】
新しい取引先との初めての会合です。「いず○○」を正し、のぞみましょう。

34

一般的な使い方……管理能力が見ものです

美しい大和言葉……**○○○さばきが見ものです**

【用例】親会社から出向してきた部長ですが、その「○○○さばき」が見ものです。

35

一般的な使い方……会社の仲間と決別しました

美しい大和言葉……**会社の仲間と○○○をわかちました**

【用例】仕事のトラブルが解消できず、彼は会社の仲間と「○○○をわかち」ました。

36

一般的な使い方……社員に裏切られました

美しい大和言葉……**社員に○○ゆを飲まされました**

【用例】経理課の女子社員に大金を横領され、「○○ゆ」を飲まされてしまいました。

37

一般的な使い方 ……ご繁栄をお祈りします

美しい大和言葉 ……**いや○かをお祈りします**

【用例】

御社の「いや○か」を、弊社社員一同、心よりお祈り申し上げます。

38

一般的な使い方 ……力を発揮する場面です

美しい大和言葉 ……**○○がなる場面です**

【用例】

日曜大工のような仕事は任せてください。「○○がなる」場面です。

39

一般的な使い方 ……この仕事は得意です

美しい大和言葉 ……**この仕事はおての○○です**

【用例】

今まで迷惑ばかりおかけしましたが、この仕事は「おての○○」ですから、ご安心を。

40

一般的な使い方 ……やりすぎで……

美しい大和言葉 ……〇〇〇あしで……

【用例】
調子に乗りすぎた「〇〇〇あし」で、相手を怒らせてしまいました。

41

一般的な使い方 ……年が若く経験不足です

美しい大和言葉 ……〇〇〇〇が黄色いです

【用例】
まだまだ「〇〇〇〇が」黄色い若手なので、私がもっと鍛えましょう。

42

一般的な使い方 ……成績がよくない年でしたが

美しい大和言葉 ……成績がかん〇〇〇ない年でしたが

【用例】
今季は営業成績が「かん〇〇〇ない」年でしたが、来期は巻き返しましょう。

43

一般的な使い方 ……仕事とは関係のないことですが……

美しい大和言葉 ……**○○○○ごとですが……**

【用例】「○○○○ごと」ですがこの春、結婚することになりました。

44

一般的な使い方 ……いい休息になりました

美しい大和言葉 ……**いい○○やすめになりました**

【用例】いただきましたリフレッシュ休暇ですが、いい「○○やすめ」になりました。

45

一般的な使い方 ……順番が回ってきます

美しい大和言葉 ……**お○○が回ってきます**

【用例】朝の掃除当番ですが、来週「お○○が回って」きます。

46

一般的な使い方……地方へ左遷となりました

美しい大和言葉……地方へ○○○**おち**となりました

【用例】

「○○○おち」となり、彼は二度と本社には戻れないそうです。

47

一般的な使い方……束縛があり

美しい大和言葉……**し**○○**み**があり

【用例】

様々な「し○○み」があり、今の仕事から抜け出せないのです。

48

一般的な使い方……問題はありません

美しい大和言葉……○○**さわり**はありません

【用例】

彼が海外留学することは、会社にとってなんら「○○さわり」はありません。

解答

問1 ❖ **そつな**く（卒なく）

問2 ❖ **うまずた**ゆまず（倦まず弛まず）

問3 ❖ あり**てい**に（有り体に）

問4 ❖ まっ**とう**する（全うする）

問5 ❖ **おろそ**か（疎か）

問6 ❖ **こころ**ざす（志す）

問7 ❖ **なり**わい（生業）

問8 ❖ お**おむ**ね（概ね）

問9 ❖ けん**もほろ**ろ

問10 ❖ **おひ**きたて（お引立て）

問11 ❖ **つつ**がなく（恙無く）

問12 ❖ **かん**がみ（鑑み）

問13 ❖ なかん**ずく**（就中）

問14 ❖ **はや**る（逸る）

問15 ❖ **ひと**あせ（一汗）

問16 ❖ **かしこ**まり（畏まり）

問17 ❖ **ふつつ**か（不束）

問18 ❖ **かね**がね（予予）

問19 ❖ のっぴきならない（退っ引きならない）

問20 ❖ **おめ**どおり（お目通り）

問21 ❖ おくれ**ばせ**ながら（遅ればせながら）

問22 ❖ **しらはの**や（白羽の矢）

問23 ❖ ふところ**がたな**（懐刀）

問24 ❖ **あと**がま（後釜）

問25 ❖ **かず**ならぬ（数ならぬ）

問26 ❖ **て**ぬかり（手抜かり）

問27 ❖ おこ**がまし**い（痴がましい）

問28 ❖ **ゆる**がせに（忽せに）

問29 ❖ あら**まし**

問30 ❖ **いか**がされ（如何され）

問31 ❖ く**みと**って（酌み取って）

問32 ❖ お**ほねお**り（お骨折り）

問33 ❖ いず**まい**（居住まい）

問34 ❖ **たづな**さばき（手綱さばき）

問35 ❖ **たもと**をわかち（袂を分かち）

問36 ❖ **にえ**ゆ（煮え湯）

問37 ❖ いや**さ**か（弥栄）

問38 ❖ **うで**がなる（腕が鳴る）

問39 ❖ おての**もの**（お手の物）

問40 ❖ **いさみ**あし（勇み足）

問41 ❖ **くちばし**が（嘴が）

問42 ❖ かん**ばしく**ない（芳しくない）

問43 ❖ **わたくし**ごと（私事）

問44 ❖ **ほね**やすめ（骨休め）

問45 ❖ お**はち**が回って（お鉢が回って）

問46 ❖ **みやこ**おち（都落ち）

問47 ❖ し**がら**み（柵）

問48 ❖ **さし**さわり（差し障り）

第 五 章

心に響く「遊び、学び」の言葉

【全39問】

無駄なようでそうでない、
粋な生き方を示唆する表現を学ぶ。

※ 問題の美しい大和言葉を答える「○」の箇所は、ひらがなで答えてください。漢字が書けたらベストです（なお、漢字の部分は当て字も一部入っています）。

※ 解答欄には、ひらがなと漢字を併記してありますが、ひらがなのみの答えもあります。解答欄は章の最後にあります。

自己採点しましょう

- 39 問正解 …… ★★★【大和言葉の達人です】
- 34 問正解 …… ★★☆【美しい会話や文章を書くことができます】
- 29 問正解 …… ★☆☆【もう少し頑張りましょう】

1

一般的な使い方……ご招待いただき感謝いたします

美しい大和言葉……**お招きに○○○り感謝いたします**

【用例】

このたびは、私のような者までお招きに「○○○り」ありがとうございます。

2

一般的な使い方……一杯いかがですか

美しい大和言葉……**ご○○○んいかがですか**

【用例】

旨い吟醸酒が手に入りました。是非、拙宅で「ご○○○ん」いかがですか。

3

一般的な使い方……一か八かの勝負です

美しい大和言葉……**のるか○○○の勝負です**

【用例】

長い人生の中で一度は「のるか○○○」の大勝負をすることは、多くの人が遭遇します。

一般的な使い方……素質があります

美しい大和言葉……**○○がいいです**

【用例】

彼は囲碁は初心者なのに、「○○がいい」ので、すぐに強くなりますよ。

5

一般的な使い方……さあ、米寿祝いの会が始まります

美しい大和言葉……**さあ、米寿祝いのう○○が始まります**

【用例】

祖母が入所している老人ホームでは、そろそろ米寿祝いの「う○○」が始まります。

6

一般的な使い方……また女性に夢中になっています

美しい大和言葉……**また女性に○○○をぬかしています**

【用例】

よほどの女好きなのか、彼はまた、別の女性に「○○○をぬかして」います。

7

一般的な使い方……私はお酒が飲めません

美しい大和言葉……私は○こです

【用例】そうは見えないと言われますが、私は「○こ」です。甘いものなら大好きです。

8

一般的な使い方……私は酒好きです

美しい大和言葉……私は○○○ごです

【用例】私は「○○○ご」です。でも人に絡（から）んだりはしませんよ。

9

一般的な使い方……父は大酒飲みです

美しい大和言葉……父はうわ○○です

【用例】父は「うわ○○」です。近所同士の寄り合いなどでは人一倍、酒を楽しんでいます。

10

一般的な使い方……度を過ごしてはしゃいでいます

美しい大和言葉……**○○をはずしています**

【用例】
今日の飲み会は無礼講らしいです。「○○をはずして」楽しもうと思います。

11

一般的な使い方……宴が盛り上がっています

美しい大和言葉……**宴もたけ○○です**

【用例】
宴も「たけ○○」ですが、ここで新婦のお色直しになります。

12

一般的な使い方……付け合わせも綺麗です

美しい大和言葉……**あ○○いも綺麗です**

【用例】
この料亭の料理は、味はもちろんですが「あ○○い」も綺麗で、おいしいです。

13

一般的な使い方……ごまかしやハッタリがありません

美しい大和言葉……○○○みがありません

【用例】

彼が発表する作品には全く「○○○み」がありません。

14

一般的な使い方……気まぐれごとです

美しい大和言葉……あ○○ごとです

【用例】

あの方は俳句で様々な賞をとられていますが、ほんの「あ○○ごと」ですと、謙遜されます。

15

一般的な使い方……いつもおしゃれです

美しい大和言葉……いつもあ○○○ています

【用例】

あのバーのマスターは、身なりや対応がいつも「あ○○○て」います。

16

一般的な使い方……勝負しましょう

美しい大和言葉……○○あわせしましょう

【用例】

先輩にはまだかなわないと思いますが、一局「○○あわせ」をお願いします。

17

一般的な使い方……琴の音が聞こえてきます

美しい大和言葉……琴のし○○が聞こえてきます

【用例】

散歩をしていたら、突然に琴の「し○○」が聞こえてきました。

18

一般的な使い方……暗誦しましょう

美しい大和言葉……○○んじましょう

【用例】

日本人として古典を「○○んじ」るのは、とても大切なことです。

19

一般的な使い方……水量が増して

美しい大和言葉……**〇〇〇さが増して**

【用例】昨夜来の雨で川の「〇〇〇さ」が増して、流れも激しくなっています。

一般的な使い方……宴会芸は物まねです

美しい大和言葉……**宴会芸はこわ〇〇です**

【用例】今年の忘年会の出し物は、有名人の「こわ〇〇」を披露します。

21

一般的な使い方……無駄に日々を過ごしています

美しい大和言葉……**〇〇ずらに日々を過ごしています**

【用例】せっかく希望の大学に入れたのに、「〇〇ずらに」日々を過ごしています。

22

一般的な使い方 ……ここで気持ちを引き締めましょう

美しい大和言葉 ……**ここで○○をただしましょう**

【用例】

お稽古もさぼり、遊びも過ぎたので、ここで「○○をただし」修練に励もう。

23

一般的な使い方 ……形式をしめす見本を見せてください

美しい大和言葉 ……**○○がたを見せてください**

【用例】

今度、提出するレポートの書き方がわからないので、「○○がた」を見せてください。

24

一般的な使い方 ……優劣の差がありません

美しい大和言葉 ……**おっつ○○○です**

【用例】

あの姉妹は二人ともピアノを習っていますが、実力は「おっつ○○○」です。

25

一般的な使い方……ごくわずかでした

美しい大和言葉……○○○のなみだでした

【用例】アルバイトで公園の掃除に参加したのですが、報酬は「○○○のなみだ」でした。

26

一般的な使い方……習ったことは復習しましょう

美しい大和言葉……習ったことはおさ○○しましょう

【用例】生徒の皆さん、今日習ったことは今日のうちに「おさ○○」しておきましょう。

27

一般的な使い方……プロが驚くような仕上がりです

美しい大和言葉……○○○はだしの仕上がりです

【用例】お父さんの趣味である日曜大工は、「○○○○はだし」です。

28

一般的な使い方……騒がしいです

美しい大和言葉……**かま○○しいです**

【用例】

この手芸教室はおしゃべりな人が多いせいか、いつも「かま○○しい」です。

29

一般的な使い方……どうも形勢が悪いようです

美しい大和言葉……**どうも○○いろが悪いようです**

【用例】

運動会の騎馬戦ですが、我が組はどうも「○○いろ」が悪いようですね。

30

一般的な使い方……達人と呼ばれていました

美しい大和言葉……**○だれと呼ばれていました**

【用例】

あの警視庁OBの方は、現役の刑事時代は「○だれ」と呼ばれていました。

31

一般的な使い方……鮮やかで気持ちよく

美しい大和言葉……こ○○よく

【用例】

道場では、選手の打ちかわす竹刀の音が、「こ○○よく」響いています。

32

一般的な使い方……身についた習慣になりました

美しい大和言葉……ならい○○○になりました

【用例】

試験の前、首から下げたお守りに願をかけるのが「ならい○○○」になりました。

33

一般的な使い方……得意げに勝手なことを言っています

美しい大和言葉……○○をあげています

【用例】

居酒屋で酒に酔ったのか、「○○をあげて」騒いでいるグループがいました。

34

一般的な使い方……その上ますます盛り上がりました

美しい大和言葉……**いやが○○にも盛り上がりました**

【用例】

歌舞伎座は主役の登場で「いやが○○にも」盛り上がりました。

35

一般的な使い方……有名な観光地です

美しい大和言葉……**○○しおう観光地です**

【用例】

修学旅行で行く地域は、全て「○○しおう」観光地です。

36

一般的な使い方……列の最後をつとめます

美しい大和言葉……**しん○○をつとめます**

【用例】

今回の富士グループ登山は、僭越（せんえつ）ながら、私が「しん○○」をつとめます。

37

一般的な使い方……多くの人が集まっています

美しい大和言葉……**○○だかり**がしています

【用例】

事故か何かがあったのでしょうか？　交差点に「○○だかり」がしています。

38

一般的な使い方……試験の点数を競うライバルです

美しい大和言葉……**試験でし○○をけずる**ライバルです

【用例】

二人は校内テストで「し○○をけずる」ライバルです。

39

一般的な使い方……そろそろ閉会しましょう

美しい大和言葉……**そろそろお○○きにしましょう**

【用例】

皆様、ご歓談中ではありますが、そろそろ「お○○き」にしましょう。

解答

問1 ❖ **あずかり**（与り）

問2 ❖ ご**いっこん**（ご一献）

問3 ❖ のるか**そるか**（伸るか反るか）

問4 ❖ **すじ**がいい（筋がいい）

問5 ❖ う**たげ**（宴）

問6 ❖ **うつつ**をぬかして（現を抜かして）

問7 ❖ **げ**こ（下戸）

問8 ❖ **じょう**ご（上戸）

問9 ❖ うわ**ばみ**（蟒蛇）

問10 ❖ **はめ**をはずして（羽目を外して）

問11 ❖ たけ**なわ**（酣／闌）

問12 ❖ あ**しら**い（配い）

問13 ❖ **けれん**み（外連味）

問14 ❖ あ**そび**ごと（遊び事）

問15 ❖ あ**かぬけ**て（垢ぬけて）

問16 ❖ **おて**あわせ（お手合わせ）

問17 ❖ し**らべ**（調べ）

問18 ❖ **そら**んじ（諳んじ）

問19 ❖ **みずか**さ（水嵩）

問20 ❖ こわ**いろ**（声色）
問21 ❖ **いた**ずらに（徒に）
問22 ❖ **えり**をただし（襟を正し）
問23 ❖ **ひな**がた（雛形）
問24 ❖ おっつ**かっつ**
問25 ❖ **すずめ**のなみだ（雀の涙）
問26 ❖ おさ**らい**（お復習い／お浚）
問27 ❖ **くろうと**はだし（玄人跣）
問28 ❖ かま**びす**しい（喧しい）
問29 ❖ **はた**いろ（旗色）
問30 ❖ **て**だれ（手だれ）

問31 ❖ こ**きみ**よく（小気味よく）
問32 ❖ ならい**しょう**（習い性）
問33 ❖ **おだ**をあげて
問34 ❖ いやが**うえ**にも（弥が上にも）
問35 ❖ **なに**しおう（名にし負う）
問36 ❖ しん**がり**（殿）
問37 ❖ **ひと**だかり（人だかり）
問38 ❖ し**のぎ**をけずる（鎬を削る）
問39 ❖ お**ひら**き（お開き）

心に響く
「交情、心柄（こころがら）」の言葉

【全42問】

相手を思いやる優しい気持ちが、
素直に伝わる表現・言葉遣い。

※ 問題の美しい大和言葉を答える「○」の箇所は、ひらがなで答えてください。漢字が書けたらベストです（なお、漢字の部分は当て字も一部入っています）。

※ 解答欄には、ひらがなと漢字を併記してありますが、ひらがなのみの答えもあります。解答欄は章の最後にあります。

自己採点しましょう

- 42問正解 …… ★★★【大和言葉の達人です】
- 37問正解 …… ★★☆【美しい会話や文章を書くことができます】
- 32問正解 …… ★☆☆【もう少し頑張りましょう】

1

一般的な使い方……好意を持っていました

美しい大和言葉……○○からず思っていました

【用例】

以前からずっと、あなたのことを「○○からず」思っていました。

2

一般的な使い方……人目を避けて会っていました

美しい大和言葉……あい○○をしていました

【用例】

年齢差のある二人は、「あい○○」を重ねて、いつしか結婚を意識するようになりました。

3

一般的な使い方……態度が落ち着いています

美しい大和言葉……○○○しやかです

【用例】

酒席で周りが騒いでいても、彼女はいつも「○○○しやか」に応対し、酒肴を楽しんでいます。

一般的な使い方……お互いを大切にする心が大事です

美しい大和言葉……**お互いを○○おしむ心が大事です**

【用例】夫婦関係は、いつまでもお互いを「○○おしむ」心が大事です。

5

一般的な使い方……あの二人は両想いです

美しい大和言葉……**あの二人はあい○○う仲です**

【用例】もう何年も前から、あの二人は「あい○○う」仲です。

6

一般的な使い方……弱い人をかわいがりましょう

美しい大和言葉……**弱い人をい○○しみましょう**

【用例】障がいを持った人や社会的に立場の弱い人を「い○○しみ」ましょう。

7

一般的な使い方 ……好きな人がいます

美しい大和言葉 ……**こ○○○せる人がいます**

【用例】

彼女に愛を告白しても無駄かもしれません。彼女には「こ○○○せる」人がいます。

8

一般的な使い方 ……心配する必要はありません

美しい大和言葉 ……**○○ずる必要はありません**

【用例】

あなたは若いので、まだ老後のことを「○○ずる」必要はありません。

9

一般的な使い方 ……魅力的な美しさがあります

美しい大和言葉 ……**いろ○があります**

【用例】

あの女優さんには、知的な雰囲気と「いろ○」が兼ね備わっています。

10

一般的な使い方 ……世間ずれしていないところが好きです

美しい大和言葉 ……う○○○しいところが好きです

【用例】女性の前ではすぐに顔が赤くなる、彼のそんな「う○○○しい」ところが好きです。

11

一般的な使い方 ……草食系男子は成熟が遅いかも……

美しい大和言葉 ……草食系男子は○○てかも……

【用例】草食系男子は「○○て」かも知れませんので、あなたから積極的に接しましょう。

12

一般的な使い方 ……古式のしきたりに倣(なら)った儀式でした

美しい大和言葉 ……古式○○しい儀式でした

【用例】今までの人生で、あんなに「古式○○しい」儀式を見たことがありません。

13

一般的な使い方……小さなことを悩むのはやめましょう

美しい大和言葉……**小さなことをう○うのはやめましょう**

【用例】
そんな小さなことをくよくよと「う○う」のはやめましょう。

14

一般的な使い方……こころ変わりしないでください

美しい大和言葉……**こころ○○りしないでください**

【用例】
私以外の女性に絶対に「こころ○○り」しないでください。

15

一般的な使い方……いい気分です

美しい大和言葉……**いいこ○○です**

【用例】
久しぶりに美味しいお酒をいただき、いい「こ○○」になりました。

16

一般的な使い方……心が動揺しています

美しい大和言葉……**心が○○にみだれています**

【用例】

思いもしなかった主人の浮気を知り、心が「○○にみだれ」ています。

17

一般的な使い方……秘密の恋です

美しい大和言葉……**ひめ○○な恋です**

【用例】

叶うなら好きなあの方と、「ひめ○○」な恋をしたいと思います。

18

一般的な使い方……理屈を超えて親密な男女です

美しい大和言葉……**わりない○○の男女です**

【用例】

結婚はしていないのですが、あの二人は「わりない○○」の男女です。

19

一般的な使い方……なまめかしい仕草をしました

美しい大和言葉……**○○をつくりました**

【用例】

このクラブの常連客なのか、来店した紳士にママは「○○をつくり」ました。

20

一般的な使い方……落ち着きのない様子です

美しい大和言葉……**気も○○ろの様子です**

【用例】

今日、デートの約束をしている彼女は、「気も○○ろ」の様子で、仕事が手につきません。

21

一般的な使い方……決まりが悪いです

美しい大和言葉……**おも○○いです**

【用例】

容姿のことをそんなにほめられても、「おも○○い」だけです。

22

一般的な使い方 ……冷淡にあしらう気ですね

美しい大和言葉 ……**○○にする気ですね**

【用例】
誠実な人なのに、「○○にする」なんて、彼がかわいそうです。

23

一般的な使い方 ……いたってご立腹です

美しい大和言葉 ……**いたってお○○むりです**

【用例】
結婚記念日を忘れてしまって、家内はいたって「お○○むり」でした。

24

一般的な使い方 ……お二人のお付き合いのきっかけは?

美しい大和言葉 ……**お二人の○○○めは?**

【用例】
来春ご結婚されるそうですが、そもそもお二人の「○○○め」は?

25

一般的な使い方……結婚の約束をしました

美しい大和言葉……**ち○○をむすび**ました

【用例】

ずっとお付き合いしていましたが、やっと結婚の「ち○○をむすび」ました。

26

一般的な使い方……夢中になっています

美しい大和言葉……**○○ったけ**です

【用例】

あのカップルは、女性のほうが男性に「○○ったけ」のようです。

27

一般的な使い方……仲のよいご夫婦です

美しい大和言葉……**○○まじい**ご夫婦です

【用例】

いつお会いしても、うらやましいほど「○○まじい」ご夫婦です。

28

一般的な使い方……片思いで終わりそうです

美しい大和言葉……**かた○○で終わりそうです**

【用例】

好きな人ができましたが、内気な性格なので「かた○○」で終わりそうです。

29

一般的な使い方……まだ幼く、可愛らしい子どもです

美しい大和言葉……**い○○けな子どもです**

【用例】

あの親は、「い○○けな」子どもに対して、なんというひどい仕打ちをするのでしょうか。

30

一般的な使い方……堅い表情がゆるみました

美しい大和言葉……**顔が○○○びました**

【用例】

久しぶりに孫が遊びに来て、祖父の顔が「○○○び」ました。

31

一般的な使い方　……実直な性格です

美しい大和言葉　……**○○をわったような性格です**

【用例】

「○○をわった」ような性格の彼は、周りの人から好感を持たれています。

32

一般的な使い方　……返事がありません

美しい大和言葉　……**なしの○○です**

【用例】

こちらから連絡を取っているにもかかわらず、一向に「なしの○○」です。

33

一般的な使い方　……支離滅裂の体でした

美しい大和言葉　……**○○○もどろの体でした**

【用例】

嘘がばれたご主人は、奥さんの前で「○○○もどろ」の体でした。

34

一般的な使い方……軽率なこと

美しい大和言葉……○○○かなこと

【用例】
もうキミも社会人ですから、「○○○か」なことをしてはいけません。

35

一般的な使い方……未練なくきっぱり辞めました

美しい大和言葉……い○○よく辞めました

【用例】
事業に失敗した後、「い○○よく」責任をとり、社長を辞めました。

36

一般的な使い方……ひかえめで上品な人です

美しい大和言葉……お○○○しい人です

【用例】

昨今は、男女とも出しゃばりが多いせいか、あんなに「お○○○しい」人は滅多にいません。

37

一般的な使い方……生まれながらのバネを活かしています

美しい大和言葉……**もち○○のバネを活かしています**

【用例】陸上競技の走り高跳びで優勝するなんて、「もち○○の」バネを活かしているのでしょう。

38

一般的な使い方……涙もろい性格です

美しい大和言葉……**涙もろい○ちです**

【用例】私の家族は皆、涙もろい「○ち」で、テレビを見ていても、すぐに泣いてしまいます。

39

一般的な使い方……汚れなく純粋な心です

美しい大和言葉……**○くな心です**

【用例】あの子は近年では珍しく、「○く」な心をもった少女ですね。

40

一般的な使い方……中途半端な気持ちではいけません

美しい大和言葉……**な◯なかな気持ちではいけません**

【用例】どの道で成功するにも、「な◯なかな」気持ちではいけません。

41

一般的な使い方……清らかで洗練された美しさです

美しい大和言葉……**◯そとした美しさです**

【用例】先日、お見合いをしたのですが、写真以上に「◯そとした」美しい女性でした。

42

一般的な使い方……気がきく人でした

美しい大和言葉……**じょ◯◯ない人でした**

【用例】仕事やプライベートなお付き合い、何事につけても「じょ◯◯ない」人でした。

解答

問1 ❖ **にく**からず（憎からず）

問2 ❖ あい**びき**（逢引き）

問3 ❖ **おとな**しやか（大人しやか）

問4 ❖ **いと**おしむ（愛おしむ）

問5 ❖ あい**おも**う（相思う）

問6 ❖ い**つく**しみ（慈しみ）

問7 ❖ こ**ころをよ**せる（心を寄せる）

問8 ❖ **あん**ずる（案ずる）

問9 ❖ いろ**か**（色香）

問10 ❖ う**いうい**しい（初々しい）

問11 ❖ **おく**て（奥手）

問12 ❖ 古式**ゆか**しい（古式床しい）

問13 ❖ う**れ**う（憂う）

問14 ❖ こころ**うつ**り（心移り）

問15 ❖ こ**こち**（心地）

問16 ❖ **ちぢ**にみだれ（千々に乱れ）

問17 ❖ ひめ**やか**（秘めやか）

問18 ❖ わりないなか（理無い仲）

問19 ❖ **し**なをつくり（品を作り）

問20 ❖ 気も**そぞ**ろ（気も漫ろ）

問21 ❖ おも**はゆ**い（面映ゆい）

問22 ❖ **そで**にする（袖にする）

問23 ❖ おかんむり（お冠）

問24 ❖ **なれそ**め（馴れ初め）

問25 ❖ ち**ぎり**をむすび（契りを結び）

問26 ❖ **くび**ったけ（首ったけ）

問27 ❖ **むつ**まじい（睦まじい）

問28 ❖ かた**こい**（片恋）

問29 ❖ い**たい**けな（幼気な）

問30 ❖ **ほころ**び（綻び）

問31 ❖ **たけ**をわった（竹を割った）

問32 ❖ なしの**つぶて**（梨の礫）

問33 ❖ **しどろ**もどろ

問34 ❖ **あさは**か（浅はか）

問35 ❖ い**さぎ**よく（潔く）

問36 ❖ お**くゆか**しい（奥床しい）

問37 ❖ もち**まえ**の（持ち前の）

問38 ❖ **たち**（質）

問39 ❖ **む**く（無垢）

問40 ❖ な**ま**なかな（生半な・生中な）

問41 ❖ **そ**そとした（楚々とした）

問42 ❖ じょ**さい**ない（如才ない）

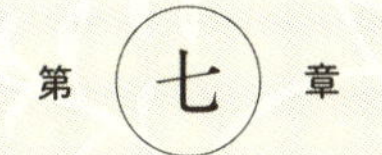

第七章

心に響く
「暮らし＝衣･食･住」の言葉

【全42問】

日々の事柄を柔らかい言い回しにすれば、
また違った趣きが……。

※問題の美しい大和言葉を答える「○」の箇所は、ひらがなで答えてください。漢字が書けたらベストです（なお、漢字の部分は当て字も一部入っています）。

※解答欄には、ひらがなと漢字を併記してありますが、ひらがなのみの答えもあります。解答欄は章の最後にあります。

自己採点しましょう

☛42問正解 …… ★★★【大和言葉の達人です】

☛37問正解 …… ★★☆【美しい会話や文章を書くことができます】

☛32問正解 …… ★☆☆【もう少し頑張りましょう】

1

一般的な使い方 ……お口に合いましたでしょうか

美しい大和言葉 ……○○まつさまでございました

【用例】

「ごちそうさまでした」

「いいえ、『○○まつ』さまでございました」

2

一般的な使い方 ……義兄の家は訪ねにくくなりました

美しい大和言葉 ……義兄の家はし○○がたかくなりました

【用例】

借金をして以来、どうも義兄の家は「し○○がたかく」なりました。

3

一般的な使い方 ……清潔な着こなしをしています

美しい大和言葉 ……こ○○○りしています

【用例】

あの青年の装いは、特別にお洒落（しゃれ）ではありませんが、いつも「こ○○○り」していいます。

4

一般的な使い方……布団を敷いておきました

美しい大和言葉……**○○をとっておきました**

【用例】

「○○をとって」おきましたので、どうぞごゆっくりお休みください。

5

一般的な使い方……熱い汁ものなのでやけどにご注意を

美しい大和言葉……**○○もの**なのでやけどにご注意を

【用例】

彼のあの用心深さはまるで、「○○もの」に懲りてなますを吹く、ですね。

6

一般的な使い方……苦しみの多い世の中です

美しい大和言葉……**つらいう○よです**

【用例】

昨今はリストラや虐待のニュースばかり。つらい「う○よ」です。

7

一般的な使い方 ……いつも一番風呂に入ります

美しい大和言葉 ……いつも〇〇ゆに入ります

【用例】

我が家で「〇〇ゆ」に入るのは、おじいさんと決まっています。

8

一般的な使い方 ……入浴して汗を流しましょう

美しい大和言葉 ……ゆ〇みして汗を流しましょう

【用例】

今日は暑い日だったので、「ゆ〇み」して、さっぱりと汗を流しましょう。

9

一般的な使い方 ……台所にこもっています

美しい大和言葉 ……くり〇にこもっています

【用例】

来客にお出しする料理作りのため、朝から「くり〇」にこもりきりになっています。

10

一般的な使い方……前もっての準備で忙しいです

美しい大和言葉……○○○○らえで忙しいです

【用例】品数が多いので、「○○○○らえ」が大変で、とても忙しいのです。

11

一般的な使い方……粘りが強い餅です

美しい大和言葉……○○がつよい餅です

【用例】自分で餅つきをすると、市販のものより「○○がつよい」餅ができます。

12

一般的な使い方……一家を支えている人物は誰でしょう

美しい大和言葉……一家のだいこく○○○は誰でしょう

【用例】父親が亡くなったお向かいの家ですが、「だいこく○○○」となる方は誰でしょう？

13

一般的な使い方……顔立ちがそっくりです

美しい大和言葉……**お○○しがそっくりです**

【用例】

高校生になった娘さんは、母親に「お○○し」がそっくりになって来ました。

14

一般的な使い方……貧しい小さな家ですが、歓迎します

美しい大和言葉……**はにゅうの○○ですが、歓迎します**

【用例】

「はにゅうの○○」ですが、いつでも歓迎しますので、是非遊びに来てください。

15

一般的な使い方……結構なお品をいただきました

美しい大和言葉……**お○○○づくしのお品をいただきました**

【用例】

お歳暮に「お○○○づくし」のお品を頂戴しました。

16

一般的な使い方……着替えましょう

美しい大和言葉……お◯◯かえしましょう

【用例】さあ、お嬢様、外出用の訪問着に「お◯◯かえ」しましょうね。

17

一般的な使い方……自己満足しています

美しい大和言葉……◯◯にいっています

【用例】父は最近買った骨董（こっとう）を手に、一人で「◯◯にいって」います。

18

一般的な使い方……言葉では言いようもない快感です

美しい大和言葉……◯◯いわれぬ快感です

【用例】骨董市などで掘り出し物を見つけたときは、「◯◯いわれぬ」快感です。

一般的な使い方 ……暮らしにくい世の中になりました

美しい大和言葉 ……**せ◯◯らい世の中になりました**

【用例】

何でもカネ、カネ……。「せ◯◯らい」世の中になりました。

20

一般的な使い方 ……多忙な毎日です

美しい大和言葉 ……**◯◯しい日々です**

【用例】

年の瀬になり、あれやこれやと「◯◯しい」日々を送っています。

21

一般的な使い方 ……質素な生活です

美しい大和言葉 ……**つ◯しい生活です**

【用例】

年の瀬になり、あれやこれやと「つ◯しい」日々を送っています。

22

一般的な使い方……お金をいただきました

美しい大和言葉……**お○しをいただきました**

【用例】

庭木の手入れをしたお礼に、老夫婦から「お○し」をいただきました。

23

一般的な使い方……家計が非常に苦しいです

美しい大和言葉……**家計が○○くるまです**

【用例】

現在、失業中です。就職活動をしているため、家計は「○○くるま」です。

24

一般的な使い方……かすかな望みがあります

美しい大和言葉……**いち○の望みがあります**

【用例】

入試の合格発表ですが、まだ「いち○」の望みが残っています。

25

一般的な使い方……普段より着飾っています

美しい大和言葉……**○○かししています**

【用例】午後から娘の卒業式と謝恩会があるので「○○かし」して出かけましょう。

26

一般的な使い方……注文して作りました

美しい大和言葉……**あ○○えました**

【用例】会社の入社式なので、新しくスーツを「あ○○え」ました。

27

一般的な使い方……既製服で結構です

美しい大和言葉……**でき○○の服で結構です**

【用例】経済的に余裕がありませんので、私は「でき○○」の服で充分です。

28

一般的な使い方……雑然と忙しくなりました

美しい大和言葉……**おお○○○になりました**

【用例】

親戚の子どもたちが大勢遊びに来て、我が家は「おお○○○」になりました。

29

一般的な使い方……うとうとする一時です

美しい大和言葉……**ま○○む一時です**

【用例】

昼食も終わり、いつものように祖父は「ま○○む」一時を楽しみます。

30

一般的な使い方……気ままに散歩するのが日課です

美しい大和言葉……**○○ろあるくのが日課です**

【用例】

退職後は、夫婦で買い物などをしながら「○○ろあるく」のが日課になりました。

31

一般的な使い方……野次馬が群がっています

美しい大和言葉……**野次馬がす○○りになっています**

【用例】

繁華街の火災現場に野次馬が「す○○り」になり、大変な騒ぎです。

32

一般的な使い方……黒々とした艶のある美しい髪です

美しい大和言葉……**み○○のくろかみのようです**

【用例】

前を歩いている女性の髪はしなやかで、まるで、「み○○のくろかみ」のようです。

33

一般的な使い方……無一文になりました

美しい大和言葉……**○○らになりました**

【用例】

生活費をギャンブルで稼ごうとしたら、逆に「○○ら」になってしまいました。

34

一般的な使い方……バツが悪くその場にいられません

美しい大和言葉……**いた〇〇〇ない気持ちです**

【用例】私の作品が最優秀賞だなんて、恥ずかしくて「いた〇〇〇ない」気持ちです。

35

一般的な使い方……人混みの熱気でむんむんしています

美しい大和言葉……**ひと〇〇れでむんむんしています**

【用例】電車は非常に混んでいて、「ひと〇〇れ」でむんむんしています。

36

一般的な使い方……相手の意向を事前に確認しましょう

美しい大和言葉……**相手の考えを〇ぶみしておきましょう**

【用例】交渉をする前に、相手の意向や考えを「〇ぶみ」しておきましょう。

37

一般的な使い方……屋根瓦が綺麗に並んでいます

美しい大和言葉……**いらかの○○が綺麗です**

【用例】

小京都と言われる地方都市。日本家屋の「いらかの○○」が綺麗ですね。

38

一般的な使い方……その十字路を越えたところです

美しい大和言葉……**その○じを越えたところです**

【用例】

お探しの家は、その「○じ」を越えたところにありますよ。

39

一般的な使い方……行き止まりになっています

美しい大和言葉……**○○○こうじになっています**

【用例】

この路地は、「○○○こうじ」になっていますから、気をつけてください。

40

一般的な使い方 ……炊事をしています

美しい大和言葉 ……**お○○どんをしています**

【用例】家内が病気で入院していますので、私が「お○○どん」をしています。

41

一般的な使い方 ……数をごまかしています

美しい大和言葉 ……**○○をよんでいます**

【用例】駅前のスナックのママは、ざっと十歳は「○○をよんで」いるでしょう。

42

一般的な使い方 ……これがうちの古女房です

美しい大和言葉 ……**これがうちの○○の○○のかみです**

【用例】遊びに出るとうちの「○○のかみ」に叱られるので、家で大人しくしています。

解答

問1 ❖ **お**そまつ（お粗末）
問2 ❖ しき**い**がたかく（敷居が高く）
問3 ❖ こざっ**ぱ**り（小ざっぱり）
問4 ❖ **とこ**をとって（床をとって）
問5 ❖ **あつ**もの（羹）
問6 ❖ う**き**よ（憂き世／浮き世）

問7 ❖ **さら**ゆ（さら湯）
問8 ❖ ゆ**あ**み（湯浴み）
問9 ❖ くり**や**（厨）
問10 ❖ **したごし**らえ（下拵え）
問11 ❖ **あし**がつよい（足が強い）
問12 ❖ だいこく**ばしら**（大黒柱）
問13 ❖ お**もざ**し（面差し）
問14 ❖ はにゅうの**やど**（埴生の宿）
問15 ❖ お**ころ**づくし（お心尽し）

問16 ❖ お**めし**かえ（お召し替え）

問17 ❖ **えつ**にいって（悦に入って）

問18 ❖ **えも**いわれぬ（得も言われぬ）

問19 ❖ せ**ちがら**い（世知辛い）

問20 ❖ **せわ**しい（忙しい）

問21 ❖ つましい（倹しい）

問22 ❖ おあし（御足）

問23 ❖ **ひの**くるま（火の車）

問24 ❖ いち**る**（一縷）

問25 ❖ **おめ**かし（お粧し）

問26 ❖ あ**つら**え（誂え）

問27 ❖ **でき**あい（出来合い）

問28 ❖ おお**わらわ**（大童）

問29 ❖ ま**どろ**む（微睡む）

問30 ❖ **そぞ**ろあるく（漫ろ歩く）

問31 ❖ す**ずな**り（鈴なり）

問32 ❖ み**どり**のくろかみ（緑の黒髪）

問33 ❖ **おけ**ら（螻蛄）

問34 ❖ いた**たまれ**ない（居た堪れない）

問35 ❖ ひと**いき**れ（人熱れ）

問36 ❖ **せ**ぶみ（瀬踏み）

問37 ❖ いらかの**なみ**（甍の波）

問38 ❖ **つ**じ（辻）

問39 ❖ **ふくろ**こうじ（袋小路）

問40 ❖ お**さん**どん（御三どん）

問41 ❖ **さば**をよんで（鯖を読んで）

問42 ❖ **や**まのかみ（山の神）

第八章

心に響く「別れ、時」の言葉

【全34問】

やすらぎの言霊が、
過ぎ去りし日々の思い出を輝かせ、心を癒す。

※ 問題の美しい大和言葉を答える「○」の箇所は、ひらがなで答えてください。漢字が書けたらベストです（なお、漢字の部分は当て字も一部入っています）。

※ 解答欄には、ひらがなと漢字を併記してありますが、ひらがなのみの答えもあります。解答欄は章の最後にあります。

自己採点しましょう

☛34 問正解 …… ★★★【大和言葉の達人です】
☛29 問正解 …… ★★☆【美しい会話や文章を書くことができます】
☛24 問正解 …… ★☆☆【もう少し頑張りましょう】

1

一般的な使い方……亡くなりました

美しい大和言葉……み○かりました

【用例】

祖母は昨年七月、癌のため、「み○かり」ました。享年八十七歳でした。

2

一般的な使い方……絶対に忘れません

美しい大和言葉……○○にきざんでおきます

【用例】

あなたとの大切な思い出は、しっかりと「○○にきざんで」おきます。

3

一般的な使い方……一瞬のうちに飲み干しました

美しい大和言葉……ま○○○まに飲み干しました

【用例】

店に駆け付けるや、彼は「ま○○○まに」ビールを三杯飲み干したのです。

4

一般的な使い方 ……いつも体操をしています

美しい大和言葉 ……**あさな○○○に体操をしています**

【用例】
健康のため「あさな○○○」に寸暇を惜しんで公園での体操を励行しています。

5

一般的な使い方 ……いつも忘れたことはないです

美しい大和言葉 ……**○○ときも忘れたことはないです**

【用例】
お別れしてからはや二年、あなたのことは「○○ときも」忘れたことはありません。

6

一般的な使い方 ……旅立ちを祝いました

美しい大和言葉 ……**○○でを祝いました**

【用例】
念願かなって東京の大学に進学した長男の「○○で」を家族全員で祝いました。

7

一般的な使い方……日がなかなか暮れないでいます

美しい大和言葉……**日がくれ○○○でいます**

【用例】

春になり、日が「くれ○○○で」、なかなか暗くなりません。

8

一般的な使い方……道を行く途中に旧友に会いました

美しい大和言葉……**みち○○ら旧友に出会いました**

【用例】

駅に向かう「みち○○ら」、何年ぶりかに、旧友とばったり出会いました。

9

一般的な使い方……ゆったりと構えて待ちましょう

美しい大和言葉……**○○がに待ちましょう**

【用例】

約束した時間ですが、乗った電車が遅れているのかも……。「○○がに」待ちましょう。

10

一般的な使い方……今日、初めのお客さんです

美しい大和言葉……今日、**くち〇〇**のお客さまです

【用例】
いらっしゃいませ。今日、「くち〇〇」のお客さまです。

11

一般的な使い方……よいことが起こる前兆です

美しい大和言葉……〇〇**さき**がよいです

【用例】
おみくじで大吉が出るなんて、試験前なので「〇〇さき」がよいです。

12

一般的な使い方……急に雨が降り出しました

美しい大和言葉……〇〇**まち**雨が降り出しました

【用例】
空が暗くなってきたと思ったら、「〇〇まち」大粒の雨が降り出しました。

13

一般的な使い方……送別の言葉を用意しました

美しい大和言葉……た○○の言葉を用意しました

【用例】

今日、この学校を卒業してゆく皆様に「た○○」の言葉を用意しました。

14

一般的な使い方……永久に続くことを願っています

美しい大和言葉……○○に続くことを願っています

【用例】

ご子孫の繁栄が、「○○に」続くことを願っています。

15

一般的な使い方……あっけない命でした

美しい大和言葉……○○○い命でした

【用例】

お嬢さんを交通事故で亡くされたそうです。「○○○い」命でした。

16

一般的な使い方 ……泡のように消えた恋でした

美しい大和言葉 ……**うた○○の恋でした**

【用例】
彼とは先日別れたばかりです。「うた○○」の淡い恋でした。

17

一般的な使い方 ……もう十年も前の話です

美しい大和言葉 ……**○○○かしも前の話です**

【用例】
ダム建設で、生まれ育った村が水没したのは、「○○○かし」も前のことです。

18

一般的な使い方 ……そもそもの始まりです

美しい大和言葉 ……**み○○○です**

【用例】
日本一の流域面積を誇る利根川の「み○○○」は、この山にあります。

19

一般的な使い方
……一晩中起きていました

美しい大和言葉
……○○**すがら起きていました**

【用例】
子どもが高熱を出して苦しんでいたため、「○○すがら」起きて看病しました。

20

一般的な使い方
……一日中頭から離れません

美しい大和言葉
……**ひ○○す脳裡（のうり）から離れません**

【用例】
あなたと暮らした幸せな日々の思い出が、「ひ○○す」脳裡から離れません。

21

一般的な使い方
……ちょうど雪が舞ってきました

美しい大和言葉
……○○○**も雪が舞ってきました**

【用例】
故郷から旅立とうとしましたが、「○○○も」雪が舞ってきました。

22

一般的な使い方……いずれわかると思います

美しい大和言葉……**おい○○わかると思います**

【用例】あの二人が別れた理由は、「おい○○」わかると思います。

23

一般的な使い方……いつまでも続くことを誓います

美しい大和言葉……**と○○○に続くことを誓います**

【用例】あなたへの愛が「と○○○」に続くことを、ここに誓います。

24

一般的な使い方……涙をこぼしていました

美しい大和言葉……**○○をぬらしていました**

【用例】卒業式での恩師との別れで、みんなが「○○をぬらし」ていました。

25

一般的な使い方
……過去と未来を考えました

美しい大和言葉
……こしかた○○すえを考えました

【用例】
「こしかた○○すえ」を考えて、定年後は田舎に住むという結論を出しました。

26

一般的な使い方
……末永く幸多かれと祈ります

美しい大和言葉
……○○○○しく幸多かれと祈ります

【用例】
今日でお別れですが、「○○○○しく」幸多かれと祈ります。

27

一般的な使い方
……普段から気をつけています

美しい大和言葉
……つ○○○○から気をつけています

【用例】
元気で長生きするために、「つ○○○○」から健康には気をつけています。

28

一般的な使い方……物事が進展しない状況です

美しい大和言葉……**○○○○かない状況です**

【用例】担当者が辞めた後、その仕事は全く「○○○○かない」状況です。

29

一般的な使い方……何か悪い予感がしました

美しい大和言葉……**○○○○らせがありました**

【用例】母方の祖父が亡くなりましたが、その二日前に「○○○○らせ」がありました。

30

一般的な使い方……さらに今度は車も故障しました

美しい大和言葉……**あま○○○車も故障しました**

【用例】天気が大荒れになってきました。「あま○○○」車も故障しました。

31

一般的な使い方……ひっそりと執り行なわれました

美しい大和言葉……**し○○○○執り行なわれました**

【用例】天寿を全うした母親の葬儀が、「し○○○○」執り行なわれました。

32

一般的な使い方……晩鐘が鳴っています

美しい大和言葉……**い○あいのかねが鳴っています**

【用例】あたりが暗くなり、「い○あいのかね」が鳴っています。

33

一般的な使い方……将来はノーベル賞もという逸材

美しい大和言葉……**ゆ○○○はノーベル賞もという逸材**

【用例】東大にも余裕で合格し、「ゆ○○○は」ノーベル賞を受賞するかもしれない逸材です。

34

一般的な使い方 ……お悔やみの言葉を申し上げました

美しい大和言葉 ……○○むらいの言葉を申し上げました

【用例】

霊前にお線香をあげ、「○○むらい」の言葉を申し上げました。

解答

問1 ❖ み**ま**かり（身罷り）

問2 ❖ **むね**にきざんで（胸に刻んで）

問3 ❖ ま**たたく**まに（瞬く間に）

問4 ❖ あさな**ゆうな**（朝な夕な）

問5 ❖ **かた**ときも（片時も）

問6 ❖ **かど**で（門出）

問7 ❖ くれ**なずん**で（暮れ泥んで）

問8 ❖ みち**すが**ら（道すがら）

問9 ❖ **きな**がに（気長に）

問10 ❖ くち**あけ**（口開け）

問11 ❖ **さい**さき（幸先）

問12 ❖ **たち**まち（忽ち）

問13 ❖ た**むけ**（手向け）

問14 ❖ **ちよ**に（千代に）

問15 ❖ **はかな**い（儚い）

問16 ❖ うた**かた**（泡末）

問17 ❖ ひとむかし（一昔）

問18 ❖ みなもと（源）

問19 ❖ よもすがら（夜もすがら）

問20 ❖ ひねもす（終日）

問21 ❖ おりしも（折しも）

問22 ❖ おいおい（追い追い）

問23 ❖ とこしえ（常しえ、長しえ、永久）

問24 ❖ そでをぬらし（袖を濡らし）

問25 ❖ こしかたゆくすえ（来し方行く末）

問26 ❖ いくひさしく（幾久しく）

問27 ❖ つねひごろ（常日頃）

問28 ❖ らちがあかない（埒が明かない）

問29 ❖ むしのしらせ（虫の知らせ）

問30 ❖ あまつさえ（剰え）

問31 ❖ しめやかに

問32 ❖ いりあいのかね（入相の鐘）

問33 ❖ ゆくゆくは（行く行くは）

問34 ❖ おとむらい（お弔い）

編者プロフィール

●美しい日本語を研究する会

古来より伝わる大和言葉の研究はもちろん、外来語や若者言葉などの定着により、日々変わっていく日本語の奥深さを吟味し、勉強することを目的として設立。勉強会では言葉の専門家である学者や作家、俳人、編集者などが中心になり、単に日本語だけでなく、日本の文化や伝統にまで議論が交わされている。会の世話人は編集者歴35年の吉際幸夫が務める。尚、今回は『60歳からの脳トレ・思い出しテスト』シリーズの生みの親である「ど忘れ現象を防ぐ会」が企画・構成・編集面で全面協力している。

大和言葉 思い出しテスト

2016年9月30日　第1刷発行

編　者———美しい日本語を研究する会

発行人———山崎　優

発行所———コスモ21

〒171-0021　東京都豊島区西池袋2-39-6-8F
☎03(3988)3911
FAX03(3988)7062
URL http://www.cos21.com/

印刷・製本——中央精版印刷株式会社

定価はカバーに表示してあります。

ISBN978-4-87795-341-6 C0030